Una Luz en el Camino
A Light on the Road

Héctor A Rodríguez D

DEDICATORIA

A mis grandes amores
Gloria y Victoria,
quienes han sido
mi inspiración,
enseñándome que
en lo sencillo y cotidiano
está la luz que ilumina
el camino de nuestra vida.

 www.trafford.com

North America & international
toll-free: 844-688-6899 (USA & Canada)
fax: 812 355 4082

CONTENIDO

INTRODUCCION

Cuando pensé escribir este libro mi vida
marcaba un giro de trescientos sesenta grados y
mi único equipaje eran la fe y la esperanza.

Paradójicamente con este cambio se marcaba
el inicio de un nuevo siglo y con él quedaban
atrás los recuerdos de momentos felices
pero que por las circunstancias sólo deberían
convertirse en sueños para construir con cada
presente un futuro pleno de vida y de amor.

De mis padres e hijos aprendí las mejores
lecciones de la vida y armado con éstas empecé
a recorrer mi camino iluminándome con sus
enseñanzas e inscribiendo en mi mente que las
mejores lecciones son las que se pronuncian
con el testimonio de vida y no con las palabras;

Fue entonces cuando en la madurez de mi vida
decidí establecer tres prioridades: Fe, Familia
y Trabajo.

La vida ha sido muy generosa conmigo pues me
ha regalado la Gloria de construir una familia,
me ha dado el mayor privilegio que es ser
padre en cuatro oportunidades.

De cada uno de mis hijos Alejandro, Angela, Diana he aprendido muchas cosas, mi hija menor Victoria, por ejemplo, permanentemente me actualiza con su inocencia y naturalidad; Adicionalmente trabajo por el desarrollo integral de las familias en un país donde los adelantos científicos y técnicos han dejado rezagado el avance humanístico por lo que este proyecto se convierte en una necesidad sentida.

Durante los cinco últimos años he logrado recopilar una gran información, algunos datos estadísticos pero lo que es más importante he tenido de cerca las vivencias y testimonios de familias que han extraviado su ruta pero que a partir de su sensibilización han re-andado sus pasos, rectificado sus errores y encontrado una luz en el camino.

Este libro pretende ser esa luz que todos necesitamos en el camino de la vida. Si al leerlo iluminas tu sendero mi vocación tiene juicio y juntos podremos exclamar desde lo más profundo de nuestra alma.

No ha sido en vano.

Nuestra existencia tiene sentido.

UNA LUZ EN EL CAMINO

Juan era un buen hombre, sus padres habían
procurado darle buena educación y junto con
Maria su esposa, tuvieron tres hijos a los que
intentaron darles buen ejemplo pero su vida
se había convertido de la noche a la mañana
en una tremenda pesadilla, pues por tratar
de mantener una reputación profesional
y social, los compromisos económicos los
estaban ahogando, su relación de pareja
estaba cada día más deteriorada y sus hijos
vivían una fantasía creada para ocultar la
dura realidad.

Fueron muchas las oportunidades pérdidas para
organizar sus vidas y rehacer su familia. Juan
logró tener destacadas posiciones, viajar, tener
éxito profesional, pero siempre estuvo solo y
esto lo llevó a dilapidar su fortuna. Andrés,
el hijo mayor, logró entrar a universidades
prestigiosas, pero la vida generosa y fácil que
había tenido no le permitía ver más allá del
último modelo de carro, interés que compartía
con sus amigos.

Linda por su parte vivía el mundo inolvidable de
su escuela secundaria y Sandra estaba alejada

9

de todos inmersa en su vida infantil solitaria. La escala de valores de esta familia basada más en intereses individualistas, materialistas y utilitaristas presagiaban el fracaso y estaban en profunda contradicción con lo que Juan había procurado siempre:

"Las Leyes para la vida familiar armónica":

Ley de la Ejemplaridad: Los hijos llevarán en el subconsciente muchos años el ejemplo recibido de sus padres.

Ley del Amor Incondicional: El verdadero sentido del amor es el amor sin condiciones de cada miembro de la familia

Ley de la Comunicación Activa: La verdadera calidad en las relaciones de una familia esta dada por la intensidad en la comunicación activa de sus miembros.

Ley de las Normas de Disciplina: En una relación saludable de familia deben existir unas normas claras de disciplina.

Ley de la Fuerza Espiritual: En una familia debe tenerse una clara conciencia de Fe

Juan estaba profundamente angustiado al ver como su familia se desmoronaba... sin conocer exactamente el porqué.

Tenía muchos conceptos en teoría pero... ¿por qué razón no los había llevado a la práctica?

¿Cual era el verdadero sentido de la Excelencia Familiar?

En este punto reconoció que la fe es despertarse porque sólo estando alerta podemos entrar en la verdad y descubrir que ataduras nos impiden la libertad...

MOVIMIENTO PARA LA EXCELENCIA FAMILIAR

Un niño le preguntó a un escultor que trabajaba con un bloque de mármol...
— ¿Qué haces?
— Espera y lo verás - le contestó el escultor.

Días después, el niño admiró sorprendido la hermosa águila que este hombre había esculpido y nuevamente le preguntó...
— ¿Dónde estaba?
— Dentro del bloque de mármol.
— ¿Pero cómo la sacaste?
— Solamente quité el mármol que le sobraba.
— ¿Y todas las piedras guardan águilas?
— No, hay muchas figuras todas son diferentes.
— ¿Cómo se que hay una figura bonita dentro?
Si observas el bloque con cuidado estudias sus características, seguramente podrás imaginar la escultura que hay dentro.
— ¿Y hay también monstruos?
Claro, depende de ti si lo que deseas encontrar es algo hermoso o espantoso.
— Si yo deseo sólo figuras bellas ¿qué debo hacer?
Con mucho cuidado, paciencia y amor ve

quitando el mármol que le sobra y verás que la piedra se transforma en una escultura extraordinaria. Así, el líder se convierte en un escultor de su gente y logra hacer de personas ordinarias seres extraordinarios; el poder transformador que han aplicado los líderes más destacados, logra desarrollar gente de calidad a su alrededor.

Ellos son en realidad los que llevan a cabo el sueño del líder; las obras las hacen los seguidores y es por eso que ellos deben ser su principal ocupación.

La influencia de la familia en el desarrollo y formación del niño es generalmente reconocida, pero sólo en años recientes se empieza a valorar la importancia de que los padres reciban una preparación especial para la educación de los hijos.

Quiero invitar a todas las personas que lean este libro para que hagan un compromiso personal en busca de la excelencia y que como el escultor saquen lo mejor de si mismos y de quienes les rodean en la construcción de una sociedad mas amable para nuestros hijos y para las generaciones por venir.

Los padres deben ser motivadores, su acción fundamental es motivar.
Motivar al hijo para que sea persona, motivarlo para que encuentre sus propias opciones, motivarlo para que viva su propia vocación, motivarlo siempre y en todo lugar.

El acto de más grande
humildad, de verdadera
humildad, es obrar

Miguel de Unamuno

EL COMPORTAMIENTO

Desde que nace, la persona se expresa y se
manifiesta de manera singular. Cada individuo
es único y aquí radica su riqueza como ser
humano.

Por ello, en el transcurso de su desarrollo,
va afirmando su identidad a partir de su
manera particular de percibir la realidad,
así como de las experiencias que le van
aportando aprendizaje para dar una
dirección a su vida.

El comportamiento en cada individuo, resulta
de una decisión propia, sobre cómo puede
responder y actuar, y se ve influido por el
sistema de valores, creencias y conceptos
personales que vamos construyendo.

Obramos según la imagen que nos formamos
de nosotros mismos. Podemos afirmar que el
comportamiento es el resultado de nuestras
características físicas, como el color de los
ojos, la forma de la nariz, o la estatura,
dependen de nuestra herencia genética, al
igual que algunas características que forman
nuestra personalidad, como el temperamento,

ritmo personal para hacer las cosas, y la inteligencia.

La familia es el ambiente que da forma significativa e impulsa el desarrollo de cada individuo.

La convivencia diaria permite que el niño aprenda a integrar costumbres y valores que se comparten dentro del núcleo familiar.

Su familia le sirve de modelo para aprender las habilidades básicas de comunicación y relación, es allí donde también toma forma su identidad;

Los lazos así creados dejarán honda huella en su personalidad;

Dentro del grupo familiar también se aprende a reconocer y asumir los papeles correspondientes a cada género (hombre-mujer), a partir de la identificación que hace el niño del vínculo establecido con su padre y madre.

Según esto aprenderá a comportarse de acuerdo con las expectativas que se generen y refuercen con relación a su propio sexo.

Sin embargo todos estos factores (hereditarios, psicológicos y sociales) interactúan y es difícil a veces precisar cuánto de la conducta corresponde a cada uno.

Los padres necesitan que su estilo de relación brinde posibilidades reales para llevar a la

superación de sus integrantes, conociendo cuáles actitudes estimulan o empobrecen sus contactos afectivos.

Dentro de las actitudes que debilitan los lazos familiares encontramos:

Expectativas y actitudes negativas
Concentrarse en los errores
Esperar perfección
Sobreproteger
Ser autoritario

Sin embargo, los padres pueden identificar estos comportamientos negativos y crear nuevas formas de relación más integradoras que promuevan el bienestar en forma natural.

Deben partir de una relación afectuosa en que el respeto por el mundo individual facilite el conocerse a si mismo para evolucionar a partir de una sana convivencia familiar.

Las actitudes que facilitan el progreso familiar son:

Demostrar confianza:

Para lograrlo es adecuado otorgarles responsabilidades de acuerdo con su edad; Pedir y tener en cuenta sus opiniones y comentarios, confiar en los niños, evitando repetir las instrucciones que se les han dado.

Concentrarse en sus fortalezas:

Se deben reconocer sus habilidades, dar crédito a sus puntos fuertes sin condiciones, concentrarse en el esfuerzo que hacen por superarse, comentar y señalar el progreso a cada paso.

Valorar y aceptar:

Se debe aceptar al hijo como es, con su inmadurez, cualidades y defectos; Separar el valor personal de sus logros o éxitos y también diferenciar a la persona de sus errores o fallas, así los padres deben aprender a apreciar la identidad de cada niño

Estimular la independencia y autonomía:

Se debe dejar a los hijos en libertad para realizar por sí mismos sus actividades, invitarlos a colaborar y participar en las actividades de la familia; impulsarlos para que busquen sus metas y su realización personal.

Respetar y reconocer igual dignidad:

Debemos escucharlos con interés y atención; apreciar sus ideas y sus opiniones, respetar sus gustos, valorar sus contribuciones y tratarlos con cortesía.

Juan recordó claramente estas teorías confirmó que los seres humanos necesitamos muchas cosas materiales para sostener la vida biológica

pero si la luz de del espíritu se mantiene viva por conservar la fe, en el sentido de la existencia podemos superar multitud de carencias.

Si se quiebra la fe la vida entera se desmorona.

Juan entendía perfectamente; Encontró una relación profunda entre fe y amor se dio cuenta con claridad que si dedicaba más tiempo a su pareja esa relación influiría directamente sobre sus hijos.

Amar es un arte que
exige consagración,
tiempo y esfuerzo

Gonzalo Gallo

DIMENSIONES DE LA PAREJA

La relación de pareja es uno de los vínculos
afectivos que más enriquece la vida del
ser humano, ya que abre la posibilidad a la
experiencia del amor profundo, que se refleja
en la creación de un espacio para compartir lo
mejor de cada persona.

El ser humano necesita amar y sentirse amado.

El amor es una experiencia que moviliza todo el
potencial de la vida, en especial la relación de
pareja...

Es una vivencia renovadora que estimula
la necesidad de salir de sí mismo, una
oportunidad para aprender a dar lo que
somos, para entregar y compartir nuestra
individualidad, y a partir de ello crecer y
aprender a descubrir el misterio que envuelve
el que dos personas se encuentren para crear
un sueño compartido, formando una pareja.

La relación de pareja es el encuentro de dos
mundos que desean compartir e impulsar, a
partir de la convivencia, el bienestar conjunto.

La interacción de pareja conlleva un trabajo de cooperación para construir el lazo afectivo a través de la vivencia de cinco dimensiones que se forjan en el diario vivir.

Esas dimensiones son las siguientes:

La pareja como complemento sexual.

La pareja se entiende como el ser complementario con el que compartimos el espacio íntimo de la sexualidad uno de los elementos que más enriquece la relación.

Es importante que la pareja avance hacia una vivencia de la sexualidad, basada en el respeto por el otro, y también como elemento que nutre la relación cuando su expresión descubre y confirma el trabajo conjunto para superarse y avanzar en otras dimensiones de la relación.

La pareja como compañía personal.

Parte del encanto de la relación de pareja reside en la posibilidad de contar con una persona que valora y se interesa por el bienestar personal de la otra.

La complicidad y el descubrimiento mutuo de intereses comunes nos permiten crecer como personas y como compañeros y ésta es una experiencia que nutre la vivencia conyugal.

La pareja como apoyo.

Uno de los fundamentos de la relación de pareja consiste en la capacidad para impulsar el desarrollo personal de nuestro compañero.

El apoyo que hemos de ofrecerle para que confíe en sus recursos para crecer, también significa que seamos generosos para que emprenda sus metas personales.

Necesitamos aprender a construir nuestro espacio personal para fortalecernos interiormente y apoyar a nuestro cónyuge para que también avance en sus conquistas individuales; de esta manera podremos crear un espacio de crecimiento en el que nos sintamos satisfechos con nosotros mismos, y estemos en capacidad de cualificar la relación de pareja.

La pareja como esposo(a).

En la relación de pareja la calidad del vínculo afectivo no la brinda la situación legal de la pareja.

Sin embargo, cuando las parejas desean simbolizar la calidad de su compromiso afectivo a partir de la formalización de su relación, la vivencia de la pareja también se enriquece.

La relación de pareja es un mundo fascinante y también un desafío para mejorar como seres humanos.

La pareja como padre o madre.

Esta importante dimensión se da al ampliar
nuestro mundo de pareja para dar paso a la
vida en familia.

Los padres han de acompañar este proceso,
facilitando y promoviendo unas relaciones
que propicien el que emerja la individualidad
de cada hijo, y que como familia creemos las
mejores condiciones para que puedan avanzar
con éxito, responsabilidad y felicidad
en su camino por la vida.

Juan en este momento reflexionó acerca de la
importancia de la comunicación...

COMUNICACION EN PAREJA

La relación conyugal puede enriquecerse,
profundizarse o también intensificarse con el
tiempo, si la comunicación que se comparte
refuerza el lazo emocional.

Es el factor más crítico e importante de la
relación, no sólo para poder ser felices sino
también para poder convivir.

Desde luego la comunicación no es fácil, se ve
afectada continuamente, pero la pareja que
se comunica de manera efectiva sale adelante
a pesar de lo difíciles que parezcan algunos
problemas que eventualmente tengan que
afrontar.

No olvidemos que cada día hay algo nuevo
que aprender. Siempre se nos están dando
oportunidades para conocer una faceta
más de la persona a quien amamos; por
ello, enriquecer la comunicación nos
permite apreciar y acercarnos más a
nuestra pareja.

Son muchas las parejas que creen saber más el
uno del otro de lo que saben en realidad. La

comunicación basada en suposiciones genera confusión y malos entendidos.

Si no se comparten los sentimientos con la pareja, él o ella deberán esforzarse para adivinar, y es muy probable que se equivoquen.

Si uno es honesto consigo mismo, tras un objetivo análisis puede llegar a conclusiones que resultan poco gratas sobre su propio comportamiento y en este punto de la reflexión, probablemente empezará a sentirse mal consigo mismo.

Sin embargo la interiorización personal es el único camino para afrontar de manera justa la necesidad de efectuar cambios positivos en la relación, al buscar los motivos personales que impulsaron a actuar de tal o cual manera.

Es importante descubrir una forma de comunicarse efectivamente con uno mismo para llegar a comprender así el propio comportamiento, ya que esto puede constituirse en el primer paso, el más importante, para prevenir acciones y actitudes negativas en el futuro.

La auténtica intimidad entre los cónyuges y su mutuo desarrollo, se basan en la capacidad que tengan de abrirse y compartir lo que hay en cada uno de ellos, sin temor a ser juzgados no sólo por sus gustos sino por sus disgustos, no únicamente por sus dudas sino también por sus esperanzas.

Llegamos a convertirnos en auténticos seres humanos el uno para el otro, al dar el primer paso para despojarnos del artificio y la falsedad, cuando nos planteamos hacerlo.

Expresar en forma honrada lo que sentimos, y/o compartirlo con alguien igualmente honesto, es la mejor manera (la única en realidad) de establecer relaciones con franqueza y confianza, siempre y cuando se mantenga el debido respeto a la personalidad del otro y se tenga en cuenta su sensibilidad.

La comunicación interpersonal oral incluye dos niveles:

Cada situación comunicativa tiene un nivel verbal, en el que expresamos un mensaje por medio de palabras y otro nivel no verbal que se refiere a expresiones faciales, silencios, tono e intensidad de la voz, así como a los movimientos corporales que nos indican la manera de interpretar las palabras que escuchamos.

Cada miembro de la pareja, cuando quiere entender la posición u opinión de su cónyuge, debe evaluar sus propias actitudes haciendo a un lado sus prejuicios, si desea en verdad escuchar y comprender lo que la otra persona opina.

Todos llevamos una especie de máscara cuando estamos frente a los demás, pero también cargamos con máscaras internas

detrás de las cuales nos escondemos de nosotros mismos.

¿Cuáles son sus verdaderos sentimientos hacia usted y hacia los demás?

Trate de abordarse en forma objetiva, sin elogios ni reproches: intente comprender, los motivos de su comportamiento, analizándose como si fuese un espectador y no un actor.

Esta época de transición representa para padres e hijos un cambio en los patrones de relación, ya que significa abandonar el periodo de la infancia para ingresar en la vida adulta.

La interacción en la familia va a pasar por un período de prueba, en el que la confianza y la comunicación son recursos que necesitan fortalecerse, con el fin de hacer los ajustes necesarios que el joven requiere al vivir los cambios físicos, emocionales y cognoscitivos que están teniendo lugar en su cuerpo, en las relaciones con su entorno y en la identidad que debe fortalecer.

Durante esta fase de desarrollo el joven se siente desorientado e inseguro, ya que tanto su apariencia como sus necesidades son nuevas; aún no sabe cómo integrarse al mundo adulto y va dejando con nostalgia la seguridad de su vida infantiles, situación que se extiende a la relación con sus padres, los cuales representan también una fortalezca en la que se puede apoyar si sus relaciones han sido nutridas, durante cada etapa del crecimiento, en forma constante por las dos partes.

El adolescente necesita sentir que es aceptado por su familia en su nueva condición, con sus actitudes vacilantes e inseguras, con sus temores e impulsos, que se reflejan en las interacciones diarias.

Los padres deben aprender a reconocer la necesidad de privacidad e independencia de su hijo adolescente ya que éstas constituyen la base para crecer de manera íntegra y dar el paso al mundo adulto.

Así mismo, se requieren desarrollar habilidades para acordar y negociar las diferencias; ser firmes y consistentes en cuanto a las normas o reglas que se manejan en casa, y aunque éstas puedan ser negociadas en función de su nueva situación, una vez hecho el ajuste se debe exigir a los hijos un comportamiento responsable, acorde con el estilo de vida llevado en el hogar.

El afecto, el diálogo y el respeto son elementos que facilitan el paso por esta etapa de desarrollo.

Poco a poco el joven se va convirtiendo en adulto y con ello su identidad se va afirmando; adquiere un estilo de vida singular, con intereses, metas y expectativas específicas que le van a permitir continuar avanzando en su búsqueda personal.

Para los padres este momento de la vida familiar significa el paso a una nueva etapa, en la que los hijos empiezan a hacer su vida independiente y probablemente se separan del hogar.

En este período de las relaciones familiar es importante que se acepte la nueva situación, apoyando la salida de los hijos para que cumplan sus metas y se logre madurar en la calidad de las relaciones, a partir de una interacción basada en el respeto y apoyo mutuo.

La pareja de padres pueden también renovar sus lazos afectivos y disfrutar de las nuevas posibilidades que brindan el reencuentro, la compañía y el avance de su familia.

Juan pensó entonces en la relación de tres factores:

Fe, comunicación y amor.

Indispensables para la felicidad.

En cada corazón hay
tesoros escondidos que sólo el
amor los puede descubrir

E. Rod

LA FELICIDAD EN LA PAREJA

Todos los seres humanos sentimos la necesidad de compartir de manera íntima nuestra vida con otra persona.

Al iniciar la travesía, en su primera etapa los miembros de la pareja lo hacen con la esperanza de que van a estar muy felices, que va a ser una experiencia maravillosa; de alguna manera se ve la relación con inocencia, como si se estuviera en un paraíso terrenal.

A medida que se convive empiezan a aparecer situaciones internas y externas a la pareja, que pueden influir de manera positiva o negativa en la relación.

Veamos un poco cómo es el recorrido:

Galanteo:

El galanteo (coqueteo), es el flechazo de Cupido; a veces nos interesamos de manera inconsciente en la otra persona y hay algo que nos impulsa a dirigir nuestras energías hacia ella sin conocerla; basta sólo con verla y ya quedamos satisfechos.

Enamoramiento:

En el enamoramiento se afianza ese deseo por obtener el interés del otro. Se empieza a idealizar a la otra persona; sólo se ven sus aspectos positivos, de manera principal los físicos y algunas conductas y sentimientos influidos por el amor romántico.

Matrimonio:

Esta etapa nos conduce al deseo de tener para siempre a la otra persona, de no dejarla ir. Por lo tanto, se empieza a soñar con el matrimonio.

Ahora estamos en las nubes de los soñadores.

Cotidianidad:

Al llegar del viaje de bodas empezamos la primera etapa de la verdad: el matrimonio con domicilio, conocimiento diario del otro, convivencia permanente, acuerdos, exigencias económicas, entre otros.

En este momento la realidad está frente a nuestros ojos.

Desencanto y aceptación:

Con el tiempo nos volvemos más objetivos y la relación pasa por un pequeño desencanto, que permite aceptar lo que se tiene: fortalezas y limitaciones, tanto personales como de la pareja.

Con ellas reiniciamos la travesía y empezamos a darnos cuenta de que es posible amar de manera plena aceptando a la otra persona en su totalidad.

Paternidad-Maternidad:

Al nacer y comenzar a crecer nuestro hijo somos una familia, aunque sigamos siendo pareja.

Ahora hay tres personas en el hogar y el nuevo miembro aportará su riqueza personal, nutriendo con alegrías este momento de nuestro camino.

Posteriormente el hijo crece y hay otras necesidades para satisfacer.
Llegan a la adolescencia y hacen su aparición las modas, las rebeldías, los lenguajes, los amigos, las amigas, las fiestas, los conciertos, las nuevas necesidades están a la orden del día.

Pareja madura:

Posteriormente nuestro(s) hijo(s) se casará(n) y de nuevo volvemos a quedar como al principio: frente a frente y no para una batalla, pues ya hemos afrontado suficientes; ahora estamos solos como al comienzo, tal como queríamos.

Con algunas canas y arrugas, con muchas experiencias y aprendizajes. Tendremos tiempo

para mirar hacia atrás y ver el recorrido que permitirá sacar conclusiones, sobre todo en cuanto a nuestra felicidad de pareja.

Es el momento de evaluar y continuar caminando en procura del fin último de todos los seres humanos, como es la felicidad.

FUNDAMENTO DE LA COMUNICACION EFECTIVA

La comunicación refleja el estado de la pareja; por esta razón, cuando se desean hacer cambios es importante que haya una disposición basada en el afecto para lograrlos; por ello se necesita que ambos tengan en cuenta los siguientes elementos:

Aceptación:

Una mejor comunicación se podrá dar en la medida que se parta de la aceptación de la realidad que se está compartiendo.

Aceptar en forma objetiva nuestra realidad, tanto en lo positivo como en lo negativo, hará posible que se transformen los elementos que obstaculizan el avance de la interacción y el fortalecimiento de la relación...

Enriquecimiento:

Una vez aceptada la realidad, debe iniciarse (a través de la reflexión) el proceso de

enriquecimiento personal y de la pareja mediante una doble dinámica:

Una dinámica constructiva, que nos impulsa a purificar los valores que vamos descubriendo en nuestro cónyuge y en nosotros mismos, y nos invita a involucrar nuevos valores que nos permiten progresar en nuestra dimensión existencial y de relación

Una dinámica destructiva, que nos debe llevar a superar en forma individual y con la pareja las fallas y errores que se van encontrando.

De esta manera podremos reorganizar el espacio de interacción conyugal si trabajamos para mejorar nuestros defectos y limitaciones.

Encargarse del propio destino:

Aceptar la realidad exige asumir conscientemente los defectos y valores propios y del otro; además hay que identificar las circunstancias que pueden ser fuente de tensión y estrés para la pareja; el trabajo conjunto en estos frentes es lo recomendable y a esto lo podemos llamar hacerse cargo de su propio destino.

Valorarse:

La justa apreciación de lo que somos y hemos logrado construir, de lo que nos ha fortalecido y nutrido como compañeros durante el tiempo de convivencia, no solamente es un camino de autenticidad, sino que sirve para estimular

nuestro proceso de cambio y búsqueda de
nuevos horizontes para compartir.

Responsabilizarse:

Como corona del proceso está la
responsabilidad, pues sabemos que en la
medida en que cada integrante asuma primero
la responsabilidad por los sentimientos y
acciones personales, y luego un compromiso
consigo mismo y con su pareja para reparar,
construir
nuevas opciones y acciones que les permitan
progresar, podrá concretar realmente el cambio
y la transformación, que redundará en una
mejor calidad de vida.

Coherencia:

La coherencia es necesaria. Sin autenticidad
ni verdad frente a sí mismos y a nuestro
compañero, fracasaremos en nuestro intento de
realizar nuestro proyecto como pareja.

Los antiguos tenían un principio de sabiduría en
la frase: "Conócete a ti mismo" pues la persona
no puede afirmar sino aquello que descubre
como valor, y no puede destruir sino lo que
conoce como limitación y defecto.

Por eso el esfuerzo para conocerse es la base
para perfeccionar los valores y superar las
barreras individuales, requerimiento básico
para progresar en la vida conyugal.

El amor sólo puede realizarse a
condición de que la entrega
sea mutua. En todas partes es difícil
este abandono de sí mismo;
pocos coinciden en la entrega
y más pocos aún logran
trascender esa etapa posesiva
y gozar el amor como lo que realmente
es: un perpetuo descubrimiento,
una inmersión en las aguas
de la realidad y una recreación constante.

Octavio Paz

EL SENTIDO DEL AMOR

Para cada individuo la vivencia del amor es
única y personal. Al referirnos a él no sólo
hablamos del amor romántico o de pareja, sino
de la fuerza vital que moviliza al ser humano
más allá de sí mismo.

El amor es capaz de desarrollar en los padres
la fuerza extraordinaria para salvar la vida de
sus hijos. La intensidad de este sentimiento
se expresa en nuestra vitalidad, en la actitud
con que asumimos una vocación; lo cierto
es que sin él nos desconectamos de nuestra
esencia, de nuestros sueños y de lo que
realizamos.

El amor se manifiesta por primera vez cuando
sentimos que somos amados por nuestra
madre. Así aprendemos que somos valiosos
y el mundo es entonces un lugar seguro
para vivir; nos posibilita valorarnos crecer y
comunicarnos con aquellos que nos brindan
su afecto.

Se sabe que los niños que no son aceptados y
amados por sus padres tienen un peso más
bajo y presentan atraso en su desarrollo, ya

que el afecto es una necesidad en la vida del ser humano desde que nace y a lo largo de ésta.

En cada etapa buscamos el reconocimiento de alguien, ya sea nuestros padres, amigos, familia o pareja; lo necesitamos para poder expresar nuestro afecto y sentir que somos valiosos; sin el amor dejaríamos de crecer y desarrollarnos; incluso podríamos perder nuestro equilibrio emocional.

Para lograr amar a nuestra pareja, hijos, familia o vocación, es indispensable que en primera instancia aprendamos a querernos a nosotros mismos, pues como bien sabemos: "nadie da lo que no tiene"; amarse a sí mismos es el primer paso para lograr compartir un verdadero amor de pareja, para prodigar nuestro afecto a la familia y para que podamos comprometernos con las elecciones que hacemos en nuestra vida.

Un elemento fundamental del amor, es la capacidad que tengamos para comprometernos con lo que amamos, dar lo mejor de nosotros mismos, buscar el bienestar y aceptar y comprender nuestras diferencias

En la pareja y la familia el sentido del amor ha de reflejarse en el compromiso para buscar el bienestar y el crecimiento personal y grupal.

Además, el amor no debe remitirse sólo a los límites del hogar, sino que ha de trascender nuestras relaciones inmediatas, para

proyectarse a la búsqueda del bien comunitario.

Somos parte de la familia humana; por lo tanto, también nuestro compromiso ha de estar proyectado hacia la responsabilidad constante de brindar lo mejor de lo que somos, para avanzar colectivamente como seres humanos.

Pero, en lo más profundo de cada persona, en nuestra soledad, reside el amor. De esto se deriva que si no somos capaces de conocer nuestra soledad, nuestro vacío, nunca podremos saber lo que es el amor, podemos tener relaciones furtivas, uno que otro noviazgo, pero nunca podremos amar.

El amor no se logra en un día ni en un año; es una construcción de toda la vida, porque todos los días aprendemos a amar.

En el camino del amor surge la exigencia de dar y darnos en un lugar que cuenta: la familia. Porque es tan cercana a cada uno, nos conocen muy bien, nuestros familiares saben acerca de nuestras dificultades, de nuestras fallas. Cuenta porque vivimos tan cerca unos de otros que algunas veces damos por supuesto el amor y no consideramos necesario expresarlo. Porque quizá, con o sin culpa nos hemos hecho daño y ahora hay soledad, resentimiento e indiferencia.

Muchas veces es más fácil amar a los de fuera y aislarnos en nuestro propio hogar, hundirnos en el silencio, nos sentimos entonces con compañía pero en soledad.

Pero aunque cueste nuestra familia es una historia de amor: los momentos agradables, los encuentros, los buenos recuerdos, la unidad que ha existido; los momentos tristes, los enfrentamientos, aquello que pasó y nunca hemos podido olvidar, eso que tanto daño nos hizo, la falta de alguien a quien extrañamos, las preocupaciones de cada día, los buenos o malos momentos económicos, la posición social de cada uno, la fe, las vivencias.

Ante esta realidad podemos tomar actitudes diferentes:

Reconocer las dificultades y valores de nuestra familia y sin embargo, preferir hacer nuestra vida fuera de ella; quedarnos como espectadores y huir de los problemas, asumir el hogar como un sitio donde dormimos y comemos pero donde no comprometemos nuestra vida.

Vivir angustiados por las marcas que ha dejado nuestra vida familiar y así disculpar nuestra mediocridad, aludiendo siempre a las dificultades familiar.

Amar a nuestra familia, pero teniendo el coraje para descubrir lo que no está bien para ayudar a cambiarlo.

Saber que nada se logra en las discusiones a gritos, con violencia y enfrentamientos;

que es mejor aguardar el momento para decir una palabra verdadera y que cuestione.

Mantener el ánimo, pues no hay situación tan negativa que no tenga algo positivo; se podrán profundizar las relaciones y actuar con sencillez sabiendo que las pequeñas cosas, los detalles, las caricias verbales y físicas logran resultados sorprendentes.

Juan se encontraba inmerso en sus meditaciones y muy rápidamente estaba asimilando estos valiosos conceptos pero como si faltara la pincelada final en una obra de arte llegó a sus manos una carta titulada el **"Privilegio de amar"** venía en una revista dirigida a su nombre y además le invitaban a participar en un curso titulado:

"Mejores Padres, Mejores Hijos".

EL PRIVILEGIO DE AMAR

¡Los hijos son el regalo más precioso!, por
lo tanto me comprometo a dar todo de mí
para proporcionarles un mejor futuro. Es un
privilegio y un honor ser padre.

Sin lugar a duda la familia es el patrimonio
más grande del ser humano, yo he sido muy
afortunado porque recibí de mis padres
la mayor herencia: Una sana educación
fundamentada en valores.

Me enseñaron que en la vida existe un orden
de prioridades y que este orden no puede
alterarse porque sobreviene el desconcierto y
el caos.

Si colocamos el trabajo por encima de la
familia nos convertimos en autómatas,
máquinas de hacer dinero y no gozamos la
presencia de nuestros hijos, ni la alegría de la
vida familiar.

Es indudable que los mejores maestros son los
niños y también aquí he sido un privilegiado
pues he tenido el honor de ser padre en
cuatro oportunidades lo que me ha permitido

tener junto a mí los mejores maestros y estar permanentemente actualizado.

Durante 15 años he trabajado con familias y en los últimos cinco he experimentado las angustias y alegrías, los sinsabores y triunfos de las familias que inmigran a este país en busca de lograr el sueño americano.

Para ellos y para todos los que anhelan un futuro mejor voy a compartir una reflexión que hace referencia a diez pasos para ser un buen esposo y un buen padre ayudando a elevar la autoestima en los hijos:

1) **Respete a la madre de sus hijos:** Cuando los niños ven a sus padres respetándose mutuamente, ellos tienen una mayor probabilidad de sentirse aceptados y respetados.

2) **Pase tiempo con sus hijos:** Los hijos crecen muy rápido. Las oportunidades que se pierden, se pierden para siempre.

3) **Gánese el derecho a ser escuchado:** Saca tiempo para escuchar sus ideas y sus problemas.

4) **Discipline con amor:** Los padres que imponen disciplina de manera calmada y justa muestran amor por sus hijos.

5) De buen ejemplo: Los padres pueden enseñar a sus hijos lo que es importante mostrándoles honestidad, humildad y responsabilidad.

6) Sea un maestro: Los padres que están presentes usan ejemplos de cada día para ayudarlos a aprender lecciones básicas de la vida.

7) Coman juntos en familia: también es buen momento para que los padres escuchen a sus hijos y les den consejos.

8) Lea a sus hijos: Si les inculcas el amor a la lectura, les das la oportunidad de que tengan una vida de crecimiento personal y profesional.

9) Muéstreles afecto: Mostrándoles afecto diariamente es la mejor manera de decirles que los quiere.

10) Acepte que la tarea de ser papá nunca termina: Los papás continúan jugando una parte esencial en el crecimiento de sus hijos, y en el establecimiento de sus familias.

Juan estaba convencido descansó tranquilamente y al día siguiente se inscribió

junto con Maria en el curso donde les dijeron que las actividades se desarrollaban los jueves, y que lo más importante era su deseo de cambio, que podían asistir con sus hijos y les informaron acerca de los primeros temas:

- Comunicación en la Familia
- El papel de los padres en la formación de los hijos
- La experiencia de ser padres

COMUNICACION EN LA FAMILIA

La comunicación entre padres e hijos permite que los lazos emocionales se establezcan y se consoliden a lo largo de la convivencia.

Las fallas pueden pasar inadvertidas durante largo tiempo, pero van forjando interacciones empobrecidas y creando sentimientos de soledad, inseguridad y distanciamiento entre los miembros del grupo familiar, lo cual va a promover un ambiente desfavorable para el desarrollo personal y colectivo.

El objetivo de lograr una comunicación eficaz, es primero llegar a lo mejor de nuestros hijos: su inteligencia, su iniciativa, su sentido de responsabilidad, su sensibilidad ante las necesidades de los demás; en segundo lugar nutrir su autoestima, su concepto personal, animarlos a colaborar porque se sienten capaces y porque nos aman.

El elemento fundamental de la comunicación personal es saber escuchar, lo cual es

diferente a oír, ya que cuando queremos entender a la otra persona y comprender su mundo personal, necesitamos ante todo asumir una disposición interior que nos permita estar atentos y valorar lo que nuestro interlocutor quiere expresar.

Cuando escuchamos a alguien necesitamos enviar un mensaje congruente de aceptación que permita a la otra persona reconocer que nos interesa.

Sólo si nos acercamos a su realidad sin anteponer nuestros criterios personales, podremos entender su posición personal.

El segundo elemento importante en la comunicación consiste en expresar lo que entendimos de las ideas y sentimientos de nuestro interlocutor, para aclarar el mensaje recibido.

Por ello, al exponer las ideas no debemos enjuiciar, amenazar, ni rechazar lo que nuestro interlocutor está compartiendo con nosotros.

Aunque no estemos de acuerdo, busquemos comprender el punto de vista de la otra persona.

Las relaciones familiares se fortalecen a partir de la calidad de la comunicación que se fomente en la familia.

Con base en esto, es útil entender que la comunicación comprende un intercambio afectivo de ideas, afecto, expresiones verbales y no verbales que nos facilitan acordar un significado para poder acercarnos.

Desde que los hijos son pequeños debemos respetar sus ideas, tener en cuenta sus sentimientos, valorar su participación y reconocer sus aportes para la vida familiar.

Aprendamos a expresar nuestro afecto sin juzgar los sentimientos o emociones propias o del otro; permitamos que otros compartan los sentimientos y enseñemos a nuestros hijos a hacerlo también abriendo canales para que puedan valorar los sentimientos que emergen de acuerdo con las diferentes situaciones, sin descalificar a ninguno.

La comunicación en la familia es como el oxígeno para la vida. Busquemos cualificarla para que sea un instrumento que nos permita crecer en forma sana con los seres que amamos.

Desarrollar en los niños la imaginación, destruyendo la superstición. Sembrar en el buen terreno virgen ideas útiles para la vida que viene, granos prácticos; pero regarlos con una lluvia clara y fresca de poesía, hermana del sol y complemento del pan.

Rubén Darío

EL PAPEL DE LOS PADRES EN LA FORMACION DE LOS HIJOS

Los padres juegan un papel fundamental en el desarrollo integral de los hijos y este se hace posible cuando los padres a través de su ejemplo establecen patrones de comportamiento y actitudes que permiten desarrollar los siguientes rasgos característicos:

Tomar decisiones libres y responsables:

Esta es la una de las características de la persona formada, madura y adulta. La clave del asunto está en la actitud y el comportamiento que necesitan tener papá y mamá para lograr que sus hijos lleguen a conquistar estas habilidades.

Así como entre los esposos cada uno tiene su individualidad y necesita respetar el espacio personal del otro y su singularidad, también los padres deben hacer lo mismo con cada hijo.

Cada persona debe buscar expresar su identidad; el papel que los padres tienen en este proceso es supremamente importante y definitivo.

Una manifestación madura de la personalidad es la de ser capaz de tomar decisiones libres, autónomas y responsables.
Necesitamos preparar a los niños y jóvenes para que vayan aprendiendo a hacerlo, según su edad, su personalidad y sus circunstancias.

Desarrollo espiritual:

Los padres de familia, como fruto de su amor, han dado origen a la vida de sus hijos. Lo importante es no quedarse en dadores de vida humana, sino seguir conservando y educando esa nueva vida.

El niño debe aprender a caminar, hablar, vivir... El nacimiento es sólo el comienzo de la vida real de cada persona, aun hace falta continuar el proceso de la educación en la fe.

Modelos competentes:

Queremos que los hijos aprovechen al máximo sus propias cualidades, de manera que en su vida adulta puedan dar y ofrecer su aporte constructivo a la sociedad, a la patria y a su propia familia.

Por eso necesitamos padres de familia que se conviertan en genuinos y auténticos modelos para sus hijos, de modo que éstos quieran imitarlos y llegar a ser como ellos o incluso mejores, si es posible.

No se trata de estimular la competencia egoísta, sino de alentar la sana emulación y el deseo de ser mejores.

La base de todo resultado exitoso consiste en hacer una adecuada distribución del tiempo y una conveniente programación de las diferentes actividades.

Los triunfadores han sabido buscar ayuda a tiempo y se han rodeado de personas competentes, prudentes y responsables en sus deberes.

Crear esta conciencia en los hijos contribuirá a hacer de ellos el tipo de personas adultas, humanas e intelectualmente competentes.

Orientación para expresar amor en sus relaciones:

Un aspecto fundamental de la formación integral es la orientación para expresar la afectividad y una construcción positiva de relaciones interpersonales.

Buscamos llevar a la persona a que adquiera la habilidad de manifestar adecuada y plenamente el amor en la relación con sus semejantes, en primer lugar con respecto a sus padres y hermanos, en su época de niñez y juventud, y más tarde con su propio cónyuge y con sus hijos cuando constituyan su propio hogar.

La otra dimensión de la expresión del amor en la relación con los demás, ésta hace referencia a la época escolar en la que el niño se relaciona con sus compañeros y más tarde a la relación con las personas con las que entra en contacto en las esferas profesional y social.

Una persona madura es aquella que se integra en forma adecuada a su propia esfera social y familiar, el niño debe aprender dentro de su propia familia, desde sus primeros años de vida escolar y desde el inicio de su vida, a relacionarse con sus semejantes, también a superar las inclinaciones egoístas y darse a los demás con una dimensión altruista de calidad y amor.

Unos padres de familia que se aman de palabra y con obras, que dan testimonio a sus propios hijos con sus actitudes y con su vida sobre el valor del amor en sus mutuas relaciones, están contribuyendo decididamente a formar a sus hijos con madurez afectiva.

Guía para establecer compromisos solidarios:

El objetivo fundamental del proceso educativo, iniciado en el hogar y continuado en la escuela, es precisamente la socialización, es decir la gradual y progresiva incorporación del niño a la familia, la escuela y la sociedad.

Los padres de familia deben ser conscientes de su deber para inculcar el principio de la libertad responsable.

Cada uno de ellos como persona y como pareja, tiene que ser un ejemplo para sus hijos en el momento de cumplir sus deberes solidarios y sociales.

Mecanismos de apertura al cambio:

En el mundo que vivimos y en el marco del que les corresponderá vivir a nuestros hijos, no avanzar ni progresar, cerrarse al cambio, son sinónimos de retroceso y de aniquilamiento.

Esta disposición de apertura debe enmarcarse en un mundo de valores trascendentes, orientados por la sinceridad, la rectitud, la veracidad, la justicia y el amor. Estos valores y sus actitudes correspondientes necesitan servir de brújula para ubicar a nuestros niños y jóvenes de hoy dentro del contexto del mundo que vivirán como adultos.

La familia no puede encapsularse ni encerrarse en el mundo irreal del exclusivismo; no puede formar a sus miembros más pequeños en un ambiente marginado de la realidad. El ejemplo de papá y mama, aquél que muestran en las actitudes con las personas que, en diferentes campos de la vida real les prestan su servicio, a sus hijos y que va creando en ellos actitudes que se traducirán más tarde en su forma de proceder y comportamiento con los demás.

LA EXPERIENCIA DE SER PADRES

Ser padres es una vivencia que nos transforma y confronta nuestro desarrollo personal.
Por eso vale la pena preguntarnos: Qué tan adultos somos?

Los conocimientos sobre el desarrollo pueden sernos útiles en muchas áreas de la convivencia familiar; nos harán sentir más seguros de nosotros mismos; nos volverán más flexibles ante ciertas situaciones, más comprensivos y nos ayudarán a disfrutar mejor la maravillosa aventura de ser padres.

Ser padre adulto implica examinar con detenimiento el problema de la disciplina: qué es, qué significa, qué debe ser.

Nuestros problemas no pueden resolverse forzando a nuestros hijos a obedecernos, o dejándolos hacer lo que deseen sin control o límites claros.

Recuerde que hoy se educa bajando la voz y subiendo los argumentos.

Las investigaciones en el terreno de la pedagogía se han movido en la misma dirección. John Dewey y otros estudiosos, quienes encabezaban el movimiento denominado de la educación avanzada, afirmaban que si queremos hijos capaces de pensar por sí mismos, tenemos que ayudarlos a desarrollar sus controles internos.

No es posible hacerlos actuar de determinada manera por medio del terror; si hacemos eso siempre van a necesitar una autoridad totalitaria para que los controle.

Tenemos que enseñarles a vivir en forma constructiva, a aceptar la responsabilidad que tienen, no por la fuerza sino por el amor y la comprensión, ya que el aprendizaje del autocontrol es lento.

Otra observación importante y nueva alude a que el comportamiento es también simbólico y significativo, cuando un niño hace algo que nos parece incomprensible, necesitamos entender lo que quiere expresar a través de él; por ello es importante aprender a acercarnos a su mundo personal para comprenderlo y ayudarlo.
Ser padres es una experiencia única y formativa tanto para los hijos como para los propios padres; implica aprender a salir de nosotros mismos con generosidad para compartir nuestra fragilidad y grandeza como seres humanos.

Esa noche María y Juan descansaron con
tranquilidad, los temas que desarrollaron,
el momento por el que están pasando, los
conocimientos adquiridos, las dificultades
transformadas en motivación y el aprender a
escucharse emocionalmente para crecer, les
enseñó que lo mas importante es equilibrar el
espacio personal de cada miembro de la familia
con una coherencia de vida.

Entendieron que es preciso abrir nuestros
ojos, nuestros oídos, nuestras manos e incluso
nuestro corazón a todas las manifestaciones de
acogida que permitan el regreso apresurado de
la bondad, entendida como una actitud afable,
afectuosa y amorosa del encuentro humano.

La bondad, la ternura, los pequeños detalles
de amor como fórmula habitual de convivencia
ponen miel a las palabras y evitan posturas
displicentes, abren los caminos de la justicia
y de la solidaridad, facilitan el diálogo
enriquecedor, saturado de calor humano;
rompen las cadenas de la agresividad;
estimulan el acercamiento real de las personas
especialmente de los menos favorecidos; están
siempre al lado del que sufre, avivan el fuego
de la madurez y del crecimiento de los hijos
en el hogar; traducen con claridad los códigos
del entendimiento y de la comprensión entre
los individuos; aumentan y dan sentido a la
fraternidad entre los seres humanos.

Si un niño llora o esta enfermo, sería oportuno
que encontrara esa mano de seda capaz de
calmar su dolor y mitigar su hambre de ternura.

Se les ha saturado de cosas superficiales,
pero se encuentran con un vacío de cosas
significativas.

Amar es educar y es preparar para la vida.
Como lo escucharon en una de las sesiones
prácticas, en las voces de unos maravillosos
intérpretes de música regional y de la autoría
de Héctor Ochoa:

CAMINO DE LA VIDA

"De prisa como el viento van pasando
los días y las noches de la infancia
un ángel nos depara sus cuidados
mientras sus manos tejen la distancia.

Después llegan los años juveniles,
los juegos, los amigos, el colegio;
el alma ya define sus perfiles
y empieza el corazón,
de pronto a cultivar un sueño,
y brotan como manantial
las mieles del primer amor
mi alma ya quiere volar
y vuela tras una ilusión
y aprendemos que el dolor y la alegría
son la esencia permanente de la vida.

Y luego cuando somos dos
en busca del mismo ideal
formamos un nido de amor
refugio que se llama hogar
y empezamos otra etapa del camino
un hombre, una mujer unidos por la fe
y la esperanza.

Los frutos de la unión que Dios bendijo
alegran el hogar con su presencia
a quién se quiere más sino a los hijos
son la prolongación de la existencia
después, cuantos esfuerzos y desvelos
para que no les falte nunca nada
para que cuando crezcan lleguen lejos
y puedan alcanzar esa felicidad tan anhelada.

Y cuando los hijos se van
algunos sin decir adiós
el frío de la soledad golpea nuestro corazón
y es por eso amor mío que te pido
por una y otra vez,
si llego a la vejez que estés conmigo. "

Juan y Maria decidieron dirigir su memoria sólo
a los buenos recuerdos vivir el ahora y orientar
el alma a sublimes ideales.

Se hicieron el firme propósito De sembrar
concordia y compartir esperanza, dejar buenas
huellas y ser un sol para los demás no sucumbir
a la desesperación, elegir vivir y apelar a todos
los recursos para ver luz en medio de las densas
tinieblas.

¿Por qué no renuevas los motivos de vida?
Es hora de acortar las dudas y alargar la
esperanza; es hora de crecer y perseverar,
de levantarse y caminar y los únicos límites
existentes son los que cada uno se fije.

En este momento Juan y Maria vieron con
perfecta claridad su presente ya habían
encontrado una luz en el camino que les
permitiría iluminarse; y compartir con otros
sus experiencias para la construcción de un
mundo mejor, más humano pleno de amor fe y
esperanza.

BIOGRAFIA DEL AUTOR

Héctor A Rodríguez D, humanista, escritor, profesor universitario y conferencista internacional, que ha dedicado gran parte de su actividad profesional a investigar, promover proyectos y ejecutar programas para el desarrollo integral de la persona, la armonía de pareja y la orientación familiar.

El Doctor Rodríguez es originario de Bogotá D.C. Colombia; Estudió Ciencias Políticas, Derecho Internacional y Diplomacia en la Universidad de Bogotá Jorge Tadeo Lozano. Es Master en Grandes Problemas Políticos y Económicos Contemporáneos del Instituto para el Desarrollo Internacional filial del Instituto de Altos Estudios de París.

Ocupó importantes posiciones en el Ministerio de Relaciones Exteriores de su país y como Consejero Económico participó en el Segundo Seminario Latino-Europeo realizado en Río de Janeiro, Ginebra, Bruselas, Bonn, Berlin, Londres y Roma.

Fue Asesor del Ministerio de Educación Nacional, Profesor Asociado de la Universidad Javeriana, Social Católica de la Salle y Militar Nueva Granada. Director Científico de Proyecciones Siglo XXI y Presidente de la Fundación Paz por Colombia.
Entre sus libros más destacados merecen especial mención:
El hombre frente a un doble problema la guerra y la paz.
La educación artística en el desarrollo integral de la persona.
El escenario de la educación fundamento de la escuela para la vida.
Vida, Amor y Familia. (5 Tomos), (Formación Integral para Padres y Educadores).

En la actualidad está radicado en Estados Unidos, donde es Presidente de la Fundación Semillas de Amor y Esperanza, realiza seminarios y cursos de excelencia personal, armonía de pareja y desarrollo familiar, escribe artículos para importantes revistas y prepara la edición de sus obras.

BIBLIOGRAFIA

BRAVO, S.S. *Racionalidad o irracionalidad de la normalidad*.
Revista Colombiana de Psiquiatria, Vol VI # 1-49

CORNEJO, Miguel Angel. *El poder transformador*. Ingramex, México, 1996.

FREIRE, Paulo. *Educación como práctica de la libertad*. Editorial Siglo XXI,
Bogotá 1981

GALLO, Gonzalo. *El sentido de la vida*. Editorial Imprelibros, Colombia, 2005

MOUNIER, Emmanuel. *El personalismo*. Editorial El Búho, Bogotá, 1984

PANINI, Joaquin y otros. *Educación liberadora*. Asociación de Publicaciones
Educativas, Bogotá 1995

Una Luz en el Camino
A Light on the Road

Héctor A Rodríguez D

Acknowledgment

I express my deep appreciation to
my friend and colleague
Mildred Santamaría,
who with dedication
to the translation of this book
and her constant support,
has permitted the amplification
of the Light on the Road.

CONTENTS

INTRODUCTION

When I decided to write this book, my life
made a three hundred and sixty degree turn,
and all I had to go on was faith and hope.

A new century was also commencing along with
my new life, and I was leaving behind happy
memories in order to go forward with a new
future full of life and love.

The best lessons of life are those I have learned
from my parents and my children.

Equipped with this wisdom I started on my new
road in life, aware that the best lessons are
those taught by the testimony of life, not with
words. It was then that I set the three priorities
in my life:

Faith, family and work.

My faith has blessed me. Given me the chance
to be a father of four children; my youngest
daughter Victoria for example continually
rejuvenates me with her innocence and
spontaneity, and I am working to enhance
overall development of families in a country

where scientific and technical progress has outdistanced humanistic advances, making this project an authentic necessity.

For the last three years, I have gathered a large amount of information, some of it statistical, but more importantly, I have been involved with the experiences and testimonies of families that have lost their way and found it again by their willingness to change and to learn from their mistakes.

With this book, I hope to shed some light on the road of life. If reading it lights your way, my work will not be in vain and together we can say that it wasn't in vain; that there a reason for our existence.

A LIGHT ON THE ROAD

Juan was a good man who had received life's best lessons from his parents. Along with his wife, Maria, he had three children to whom they had intended to set the best example.

However, his life had been converted into a tremendous nightmare from day to day. In an effort to maintain a reputable professional and social lifestyle, their economic commitments were becoming overwhelming.

His relationship with his wife was deteriorating on a daily basis, and in an effort to hide the hard reality from his children, they were living a life of fantasy.

Many were the lost opportunities he had to organize and reestablish their lives. Juan had been able to obtain outstanding positions, travel, and enjoy professional success; however, he felt lonely and this drove him to waste his fortune.

His eldest child, Andres, succeeded in attending a prestigious university, but the generous, easy

life he had become accustomed to did not permit him to see beyond the latest model in automobiles, an interest he shared with his friends. Linda, on the other hand, lived in the unforgettable world of high school; and Sandra was at a distance from everyone, immersed in her solitary childhood.

This family's scale of values was based on individual interests, materialism, utilitarianism, and pragmatism, which foretold of failure.

The family was living in a profound contradiction to all that Juan had always endeavored:

The Laws for a Well-balanced Family Life:

The Law of Example:

The examples set forth by their parents will be carried in the subconscious by their children for many years.

The Law of Unconditional Love:

The true sense of love is that of unconditional love given and received by each member of the family.

The Law of Active Communication:

The true quality of the relationships within a family is in the intensity of active communication among its members.

The Law of Disciplinary Norms:

In a healthy family relationship, there must exist clear disciplinary norms.

The Law of Spiritual Power:

In a family, there should be clear principles of Faith.

Juan was profoundly anguished over how his family was crumbling, without knowing exactly why.

He possessed many theoretical concepts, but why had he not put them into practice? What was the true meaning of Family Excellence?

At this moment, Juan recognized that faith must be awakened. For only having faith can we see by truth and discover those things that weigh us down and impede and obstruct our liberty.

A joy shared is a joy doubled.

Goethe

A MOVEMENT TOWARD FAMILY EXCELLENCE

A child asked a sculptor working with a block of
marble, ¿what are you doing?
Wait and you will see, he responded.
A few days later, surprised and admiring the
beautiful eagle the man had sculpted, the
child asked,
¿Where was it?
Inside the block of marble, answered the
sculptor.
But, ¿how did you take it out?
I only removed the excess marble.
¿Do all rocks have eagles saved inside?
No, there are many figures, and they are all
different.
¿How would, I know if there is a beautiful
figure inside?
If you observe the rock carefully and
study its characteristics, surely you will
be able to imagine the sculpture that
lies within.
¿And are there monsters?
Of course there are.
It depends on whether you desire to find
something beautiful or dreadful.

¿What should, I do if I only desire beautiful figures?
You need only remove the excess marble with lots of patience and love, and you will see how magic will make the stone transform itself into an extraordinary sculpture.
 In this way, a leader becomes a sculptor of people and is able to help transform ordinary people into extraordinary human beings.
The power of transformation, which has been utilized by the most successful leaders, develops people of quality and integrity.
It is for this reason that the growth and development of the leader's followers must be his most important occupation.
The influence of the family in the growth and development of the child is generally recognized; however, it is only recently that we have begun to value the importance of making sure that parents receive the necessary preparation for the education of their children.
I want to invite all those persons reading this book to make a   personal commitment in the quest for excellence and, like the sculptor, bring out the best within yourselves and those around you in order to develop a more amicable society for our children and for generations to come.
The primary function of parents is to motivate their children: motivate them to be persons of dignity and worth motivate them to find their own options in life, motivate them to live their own career choices.
Parents should be a constant source of motivation in their children's lives.

The supreme happiness of life
is the conviction of being loved for yourself,
or, more correctly,
being loved in spite of yourself.

Victor Hugo

BEHAVIOR

From the moment of birth, a person expresses
and manifests him or herself in a very
individual way.
Each individual is unique, and it is in being so
that rests his/her richness as a human being.

During the course of his/her development, this
uniqueness establishes a person's identity.
His/her very personal manner of perceiving
reality, as well as the learning experiences he/
she obtains give direction to his/her life.

Every individual's behavior results from his/her
own decisions as to how he/she can respond
and act.

These decisions are influenced by the value
system, beliefs, and personal concepts which
we construct throughout life.

We function in accordance with the image
which we have formed about ourselves.

We can affirm that behavior is the result of
such physical characteristics as the color of our
eyes or the form of our nose, or that our height

depends on our genetic inheritance,
as are some of the characteristics of our
personality, such as our temperament, our
personal rhythm in life, and our intelligence.

Family life is the setting which significantly
gives form and impulse to every individual's
development.

Daily life among family members gives the
child the opportunity to learn and form as part
of his/her own being the customs and values
which are shared within the nuclear family.

The family serves as a model in learning basic
communication skills and relationships.
It is within the family that an individual's
identity is formed.

The connections created within the family unit
will leave unforgettable impressions on one's
personality.

It is within the family unit that one learns to
recognize and assume corresponding gender
roles in accordance with the identification and
bond the child establishes with his father and
mother.

The child will learn to behave in accordance
with the expectations generated and enforced
in relation to his/her sex, depending on the
bond made with each of his parents.

Nevertheless, all of these factors (hereditary,
psychological, and social) interact with each
other, and it is difficult at times to be precise

as to how much each factor influences our conduct.

Parents need to develop a relationship which offers real life possibilities leading to their child's success by keeping in mind the attitudes that stimulate or weaken their affective contact with each child.

Among the attitudes which weaken family ties we find:
- Negative attitudes and expectations
- Parents concentrating on errors
- Expecting perfection
- Overprotection
- Being authoritarian

However, parents can identify these negative behaviors and create and form new relationships which will promote wellbeing within the family in a natural way.

Parents should start with an emotional relationship in which the respect for the individual's world facilitates knowing oneself in order to develop within a healthy family relationship.
The attitudes which facilitate family wellbeing are:

Demonstrate confidence:

To develop confidence it is adequate to assign children responsibilities according to their age.

Parents should ask for and take into consideration their children's opinions and comments, should trust in their children, and avoid repeating given instructions.

Concentrate on strengths:

Parents should recognize children's skills and give unconditional credit to their strengths, concentrating on the effort being made to be successful, as well as point out and comment on progress every step of the way.

Value and accept:

Children should be accepted just the way they are; with their immaturity, qualities, and defects.

Parents should separate personal value from achievements and/or success; they should also differentiate the person from their errors or faults.

By doing so, parents should learn to appreciate the individual identity of each child.

Stimulate independence and autonomy:

Children should be free to realize their activities independently, they should be invited to collaborate and participate in family activities, and they should be encouraged to seek and realize their personal goals.

Respect and dignity:

We should listen to our children with interest
and attention, appreciate their ideas
and their opinions; we should respect their
likes, value their contributions, and treat them
courteously.

Juan clearly remembered these theories and
confirmed that human beings are in need
of many material things to sustain their
biological life; but, if we maintain the light
of the spirit alive through the existence of
faith, then we can overcome a multitude of
necessities.
If faith is lost, life crumbles.

Juan was perfectly enlightened and found a
relationship between faith and love.

He clearly understood that if he devoted more
time to his relationship with his wife,
Maria, the results of their relationship would
have direct influence over their children.

After the verb "To love"...
"To help" is the most beautiful
verb in the world.

Berta von Suttner

DIMENSIONS OF THE COUPLE

The relationship between a couple is one of the most effective ways of enriching the affective ties in the life of a human being as it opens the possibility of experiencing profound love.

This is reflected in the sharing with each other of one's best self.

Human beings need to love and feel loved.

Love is an experience which mobilizes every possibility in life, especially that of a relationship among a couple.
It is a life-renewing experience which stimulates the necessity to come out from one's being, give the best of one's self, and share our individuality.
In doing so one grows, learns, and discovers the mystery involved when two persons find each other and share a dream by becoming a couple.

The relationship between couples is that of two worlds finding each other and wishing to share and motivate each other while developing a life of well-being together.

Interaction between couples brings about the task of cooperation in order to construct strong affective ties through the management of five stages which form throughout our daily living.

These five stages are the following:

The couple as a sexual complement:

A couple is understood to be two human beings who complements or shares our sexual intimacy; one of the most enriching elements of the relationship.

It is important for the couple to develop their sexual relationship based on respect for one another.

The expression of this sexuality should bring about and confirm a joint commitment to advance and succeed in the other stages of the relationship.

The couple as personal companions:

Part of the enchantment between couples resides in the possibility of finding a person who values and is interested in the well-being of the other person.

The complicity in and discovery of our mutual interests permits us to grow as individuals and as partners. This is an experience which nurtures the growth of the couple.

The couple as support:

One of the fundamental elements of the relationship between couples consists in the ability one has in motivating the personal development of our partner.

We should generously encourage our partner in order to help him/her develop self-confidence in he or she personal resources so they can establish personal goals.

We need to learn to construct our personal space so that we may be able to strengthen ourselves as well as support our spouse, so that they too can have individual success.

In this manner, we construct our individual space for growth in which we find satisfaction within ourselves, as well as have ability to enrich the relationship as a couple.

The couple as husband or wife:

The quality of love between the couple does not give legal status to the relationship; however, when the couple wishes to bind their relationship as a sign of their love for each other, life as a couple is also enriched.

Life as a couple is not only a fascinating world, but it is also a challenge for us to become better human beings.

The couple as father and mother:

This stage in the life as a couple is the result of our opening our world to include a family.

During this stage, parents should facilitate and promote relationships in which the individuality of each child emerges; as well as a family should create the best possible conditions so that each child can progress with success, be responsible, and be happy with his/her journey in life.

At this moment, Juan reflected on the importance of communication.

COMMUNICATION BETWEEN THE COUPLE

The relationship between the couple may be enriched, deepened, or intensified with time, if communication between the couple reinforces their emotional ties.

Communication is the most critical and important factor in the relationship, not only to be able to be happy, but to be able to live together.
Of course, communication is not easy. It is continuously affected in many ways; but couples who communicate effectively will triumph despite the many difficulties which they may eventually have to face.

Let's not forget that there is something to learn every day.

There are always opportunities for us to learn a new side of the person we love; therefore, enriching our communication permits us to appreciate and become closer to our partner.

There are many individuals that think they know more about their partner than they actually do.

Communication built on assumptions creates confusion and misunderstanding.

If we do not share our feelings with our partner, he or she will have to make an effort to guess, and it is probable that he/she will be wrong.

If one is honest while making an objective analysis of oneself, one can arrive at unfavorable conclusions about one's behavior.

At this point in the reflection, one probably will start to feel badly about one's self. Nevertheless, the ability to self-examine our being by looking for the personal motives which motivated us to act in one way or another is the only way to confront, in a just manner, and effect the necessary positive changes in our relationship with our partner.

It is important to discover a way of communicating with ourselves in order to understand our behavior.

This could constitute the first and most important step in preventing negative actions and attitudes in the future.
Authentic intimacy and mutual development of the relationship between spouses is based on their ability to open up with and share what is inside each one of them individually, without the fear of being judged not only for their likes

and dislikes, but for their hopes and fears as well.

We become true human beings, truly being there for one another, when we decide to do so and take the first step in shedding all that is artificial and false.

The best and really only way to establish relationships based on openness and trust is by sharing and expressing our feelings in an honest way.

This must be done in a way which maintains respect for the personality of the other person, and we keep in mind his/her sensitivity.

Oral interpersonal communication includes two levels:

Every communication has a verbal level in which a message is expressed by means of words and a nonverbal level in which the message is expressed by facial expressions, silence, tone and intensity of the voice, as well as body movement, which help us interpret the words we hear.

When wanting to understand the position or opinion of one's spouse, each member of the couple must evaluate his/her own attitude, setting aside one's own biases, if one truly desires to listen to and understand the other person's opinion.

We all hide behind a type of mask when dealing with others, but we also carry with an

internal mask behind with which we hide from ourselves.

What are your true sentiments toward yourself and others?

Try to undertake the task in an objective form without praises or reproaches.

Simply try to understand what motivates your behavior; analyze yourself as if you were a spectator, not an actor.

This time of transition represents a change in the patterns of relationships for both parents and children.

It signifies leaving behind infancy in order to enter adulthood. Family interaction will go through a testing period in which trust and communication will be resources that need to be strengthened in order to make the necessary adjustments the youngster requires while going through the physical, emotional, and cognitive changes which will form and solidify his identity.

During this phase of development, the youngster feels disoriented and insecure; this is brought about by his/her new needs and appearances. He/she doesn't know how to integrate him/herself in the world of adults, and yet begins to leave behind, with much nostalgia, the security of his/her childhood.

This orientation and insecurity extends itself to his/her relationships with his/her parents.

His/Her parents represent a stronghold in which the youngster can count on if their relationships have been nurtured in a constant manner during each phase of development by both the parents and the child.

The adolescent needs to feel accepted by his/her family in his/her new condition with the vacillating attitudes and insecurities, with the fears and impulses which are reflected in his/her daily activities.

Parents must learn and recognize the adolescent's need for privacy and independence,
as these constitute the basis for the youngster to develop and enter the adult world.

It is also required that skills be developed to be able to come to agreement and negotiate differences, that parents are firm and constant with respect to the norms or rules in effect at home.

Although these may be negotiated in view of the new situation, once the adjustment has been established, children should be expected to behave in a manner which is in accordance with the lifestyle at home.

Love, dialogue, and respect are elements which facilitate passage through this phase of development.

Little by little, the youngster sees himself / herself becoming an adult, and with this change his/her identity is assured. He/She

acquires an individual lifestyle, with interests, goals and specific goals which will permit the youngster to continue advancing in his/her search for "self."

For the parents, this moment signifies passage into a new phase in family life; one in which the children start more independent lives, probably separating from the home.

It is important that relationships during this new period of family life be accepted. Parents should support the exit of their children so that they can accomplish their goals, as well as mature in the quality of their relationships through an interaction based on respect and mutual support.

The couple should also renew their affective ties and enjoy the new possibilities brought about by the renewal, the effectiveness of development, and progress in their family.

Then Juan thought of the relation in the three factors:

Faith, communication, and love.
Indispensable for happiness.

HAPPINESS WITHIN THE COUPLE

Every human being feels the necessity of sharing his/her life intimately with another person.

At the beginning of the journey, in the first phase, the members of the couple do so with the hope that they will be very happy, that it will be a marvelous experience.

In a way, the relationship is seen with innocence, as if one is in an earthly paradise. Throughout the course of the relationship, certain situations internal and external to the couple start appearing which may influence the relationship in a positive or negative manner.

Let's look a bit at the journey:

Courtship:

The courtship is known as when Cupid's arrow; sometimes we are subconsciously interested in another person and something motivates us

to channel our energies toward that person without knowing him/her.

Simply seeing the person satisfies us.

Falling in Love:

When we fall in love, we focus our desire on obtaining the other person's interest. Influenced by romantic love, one starts to idealize the other person; we only see their positive aspects, principally their physical, sometimes behavioral, and sentimental qualities.

Matrimony:

This phase brings us to desire to have this person forever; never wanting to let him/her go

As such, one starts to dream of matrimony.

Now we are dreaming in the clouds.

Daily Life:

Upon arriving home from the honeymoon, we start our first stage of the truth; the married couple with a home, learning about each other on a daily basis, permanently living together, agreements, and economic needs among other things.

At this moment, reality is in front of our eyes.

Disenchantment and Acceptance:

With time, we become more objective, and the
reality goes through a small disenchantment
which permits us to accept what we have:
strengths and limitations
as an individual an as a couple.

With these, we reinitiate our journey and start
understanding that it is possible to love fully by
accepting the other person in his/her totality.

Paternity - Maternity:

With the birth and growth of our child, we
become a family, although we continue being a
couple.

There are now three persons in the home,
and the newest member will contribute the
richness of his/her person; thus nourishing with
happiness this moment in our journey.

Subsequently, the child grows, and there are
other needs to satisfy.

They arrive at adolescence, and there
appear the styles, the rebelliousness, and
the attraction to the opposite sex, parties,
concerts...
The new needs are the latest trends.

The Mature Couple:

Later on, our children marry and once again we
find ourselves as it was at the beginning:
face to face, not for battle for we have

confronted sufficient battles; now we are alone
as in the past, just as we have wanted; with
some gray hair and wrinkles, and with much
experience and learning.

We will have time to look back through
our journey. This will permit us to come to
conclusions about all that has to do with our
happiness as a couple.

This is the moment for us to evaluate and
continue our journey in search of the ultimate
end for all human beings, which is happiness.

Serving love means that
we are here to console one another,
to be connected, to erase all
the differences that divide us, and
to remember that
before and after all time,
we are One.

Daphne Rose Kingma

THE FOUNDATION OF EFFECTIVE COMMUNICATION

Communication reflects the state in which the couple finds itself; for this reason when changes are desired, it is important that there be a decision based on the love and concern for one another in order to achieve these.

Therefore, it is necessary that both parties keep the following principles in mind:

ACCEPTANCE:

There will be better communication if there is acceptance of the reality which is being shared.

Accepting our reality, both positive and negative, in an objective manner will make it possible to transform the obstacles that impede our interaction and thus make our relationship stronger...

ENRICHMENT:

Once reality has been accepted the couple should initiate (through reflection) the process of enrichment both personally and as a couple by carrying out dual activities:

A constructive activity,
which motivates us to purify the strengths we discover in our spouse as well as in ourself, and which invites us to involve new strengths which permit us to progress in our personal life as well as our life as a couple.

A destructive activity,
This should lead us to overcome the weaknesses and mistakes we find as an individual and as a couple.

In doing so, and if we work together as a couple, we can reorganize our interaction with our spouse to overcome our weaknesses and limitations.

TAKING CHARGE OF YOUR OWN DESTINY:

Accepting reality demands that we conscientiously assume our weaknesses and strengths and that of our partner.

In addition, we will need to identify which circumstances may arise when the couple is confronted with tension and stress.

A joint effort is recommended under these circumstances; and this is what is called taking charge of your own destiny.

VALUING OURSELVES:

An honest appreciation of who we are, what we have been able to accomplish, and of that which has prepared and nourished us as a couple during our lifetime together, is not only the path to authenticity, but also serves to stimulate the changing process in our search for new horizons to share.

TAKING RESPONSIBILITY:

The crowning glory in the process is taking responsibility; for we know that it is in the measure in which each person first assumes responsibility for his/her sentiments and personal actions, and later the commitment with oneself and with one's partner to repair, construct new options and actions which will permit us to progress, that a real change comes about.

This transformation will result in a better quality of life.

COHERENCE:

Consistency is necessary. Without facing the authenticity or truth about one's self and sharing this with one's partner, we fail in our intent to realize our development as a couple.

Our ancestors had a wise principle in the phrase: "Know yourself," for you cannot affirm but that which you discover of value, nor can you destroy but that which you know as

limitation and defect.

That is why the effort to know one's self is the required basis on which to perfect our strengths and overcome individual barriers in order to progress in our married life.

THE MEANING OF LOVE

The experience of love is unique and personal
for each individual. When we refer
to it, we speak not only of the romantic love,
or the love between a couple, but also of the
vital force that mobilizes a human being to go
beyond him/herself.

Love is capable of developing in parents the
extraordinary strength to save the life of their
child.

The intensity of this sentiment is expressed in
our energy, in the attitude with which
we assume a vocation; what is certain is that
without love we disconnect from our spirit,
from our dreams, and from our
accomplishments.

Love is manifested for the first time when we
feel that we are loved by our mother.

That is how we learn that we are valuable
and that the world is a safe place in which to
live; this makes it possible to value ourselves,
grow, and communicate with those who offer us
affection.

It is known that children who are not accepted and loved by their parents have a lower birth weight and fall behind in their development because of this lack of love, which is a necessity in the life of every human being from the moment of birth throughout life.

During each stage, we seek recognition from someone, be it our parents, friends, family or partner; we need it in order to express our love and feel that we are valuable.

Without love we would cease to grow and develop; inclusively, we could lose our emotional equilibrium.

In order to be able to love our partner, children, family, or vocation, it is indispensable that we first learn to love ourselves for as we know, we cannot give what we do not have.

To love one's self is the first step in being able to share true love as a couple, to be able to protect our love for our family, so that we can commit ourselves to the choices we make in our lives.

One of the fundamental components of love is the ability we have to commit ourselves to those we love, to give the best of ourselves, to look out for the well being of, and to accept and understand our differences.

Within the couple and family, the sense of love is reflected in the commitment to the search for the well-being and growth of the individual as well as the group.

In addition, love should not only be given within the limits of the home.

It should transcend our intimate relationships and project itself in search of the common good.

We are part of the human family, and as such, our commitment should also project itself toward the constant responsibility of offering the best of ourselves in order to advance collectively as human beings.

But in the most profound part of our being, in our solitude, love resides.

From this, we can conclude that if we are not capable of knowing our solitude, our emptiness, we can never know what love is.

We may have secret relationships, one or other courtships, but we will never be able to love. Love is not achieved in a day, nor in a year, it's the construction of a lifetime because every day we learn to love.

Love's journey demands that we give to others and to ourselves where it counts: the family.

Because each family member is so close to one another, they know us very well.

Our family members know about our difficulties and our weaknesses.

Family counts because we live so close to one another that sometimes we take love as a

matter of fact and don't find it necessary to express it.

Perhaps with or without fault, we have hurt someone and now there is solitude, resentment, and indifference.

However, although it may cost great effort, our family is a story of love: the happy moments, the encounters, the good memories, the unity which has existed, the moments of sadness, the disagreements, that have happened and we have never been able to forget, that which hurt us so much, our longing for someone gone, every day worries, the good or bad economic moments, the social position each one holds, faith, the events...
In face of this reality, we can take different attitudes:
We can recognize our family's values and difficulties, and yet prefer to live our lives outside of it as spectators and run away from the problems, assume the home is a place where we sleep and eat, but where we do not commit our lives.

We can decide to suffer because of the experiences lived within the family, and thereby excuse our own mediocrity, always alluding to family difficulties.

We can love our family and have the courage to discover what is not well and help the family change it.

We need to now that nothing is accomplished with arguments and yelling, with violence and confrontations; that it is better at times wait until an opportune moment when we can say a word which will help question the truth.

We need to maintain enthusiasm, for no situation is so negative that it has no positive.

We can deepen relationships and act with simplicity knowing that the small things, the details, the verbal and physical caresses can bring about surprising results.

Juan found himself immersed in his meditations and was quickly assimilating these valuable concepts, and as if the final stroke were missing in a work of art, a letter reached him entitled, **The Privilege to Love.**

It came from a magazine addressed to him, and in addition, he was being invited to participate in a contest entitled: **Better Parents, Better Children.**

Look to this day,
for it is life,
the very life of life.
In its brief course lie all
the realities and verities of existence,
the bliss of growth,
the splendor of action,
and the glory of power.
For yesterday is but a dream,
and tomorrow is only a vision,
but today, well lived,
makes every yesterday a dream of happiness,
and every tomorrow a vision of hope.
Look well, therefore, to this day.

Sanskrit proverb

THE PRIVILEGE TO LOVE

Children are a precious gift!
Therefore, I commit to giving the best of
myself to provide them a better future. It is a
privilege and honor to be a father.

Without doubt, a family is the best inheritance
a human being can have.

I have been very fortunate to have received the
best inheritance from my parents: A healthy
education based on values.

They also taught me that if we alter these
priorities, we are overcome by chaos. If we
place work above family, we become robots
money making machines and we do not enjoy
the presence of our children, and the joy of
family life.

Undoubtedly, our children are our best
teachers. I have been privileged in this area
as well by having had the opportunity to
be a father four times. Being a parent has
permitted me to have my best teachers with
me and to permanently put into practice
all I have inherited from my parents. I have

worked with families during the past 15 years.

During the last three years, I have experienced the anguish and joys, and the sorrows and triumphs that immigrants coming to this country experience in their search for the "American Dream."

For them and for all those who hope for a better future, I share a reflection that appears in this book, which refers to 10 steps to becoming a better parent and raising our children's self-esteem:

1) **Respect the mother of your children:** When children experience mutual respect between their parents, they have a higher probability of feeling accepted and respected.

2) **Spend time with your children:** Children grow up rapidly. Lost opportunities are lost forever.

3) **Earn the right to be listened to:** Take time to listen to your children's ideas and problems.

4) **Discipline with love:** Parents who discipline in a calm and fair manner demonstrate love for their children.

5) **Set a good example:** Parents can teach their children what is important by demonstrating honesty, humility, and responsibility.

6) **Be a teacher:** Parents who are actively involved in their children's lives use every day examples to help their children learn life's basic lessons.

7) **Eat as a family:** This is also a good time for parents to listen to their children and to give them advice.

8) **Read to your children:** Instilling the love of reading in your children gives them the opportunity to grow personally and professionally in life

9) **Be affectionate:** Showing affection on a daily basis tells your children you love them.

10) **Accept that the job of being a parent is never finished:** Parents continue playing an important role in their children's growth and in the development of their families.

Juan was convinced; he rested peacefully and the following day, together with Maria, he registered in a course for which they were informed that the activities would be developed on Thursdays and that the most important thing would be their desire to change; they would be able to attend with their children, and they were given information regarding the first several sessions:

- **Communication within the family**
- **The role of parents in the formation of the children**
- **The experience of being parents**

COMMUNICATION WITHIN THE FAMILY

Communication between parents and children permits the establishment and consolidation of the emotional bonds throughout their lifetime together.

Errors can go on inadvertently for a long time, but they start forming poor interactions and creating feelings of solitude, insecurity, and the distancing among the members of the family group.

This will create an unfavorable environment for personal and collective development.

The objective of achieving effective communication is first to get to the best of our children: their intelligence, their initiative, their sense of responsibility, their sensitivity to the needs of others; and secondly to achieve, to nurture their self-esteem, their self-concept, encourage them to collaborate because they feel capable of doing so, and because they love us.

The fundamental element in personal communication knows how to listen, which is different from hearing since when we want to understand the other person and comprehend their personal world we need before all else to assume an interior disposition which will permit us to be attentive and value what the speaker is wants to express.

When we listen to someone, it is necessary that we send a congruent message of acceptance which will permit the other person to recognize that we are interested.

Only if we come close to their reality without interjecting our personal criteria will we be able to understand their personal situation.

The second important element in communication consists of expressing what we understand of the ideas and feelings of the speaker to clarify the message received.

Therefore, when we express the ideas, we should not judge, threaten, or reject what the speaker has shared with us. Although we may not be in agreement, we should seek to comprehend the other person's point of view.

Family relationships are strengthened through the quality of the communication that is stimulated within the family.

Based on this, it is useful to understand that communication takes into account a loving interchange of ideas, love, and verbal and non-

verbal expressions which facilitate reaching a reason for coming together.

We should respect our children's ideas from the time they are little, keeping in mind their feelings, valuing their participation, and recognizing what they contribute to family life.

Let us learn to express our love without judging our personal feelings or that of the other person.

Let's permit others to share their feelings, and let's teach our children to do so as well; thus opening opportunities so that they can value the feelings that emerge in accordance to the different situations without disqualifying any.

Communication within the family is like oxygen for life. Let's seek to check the quality of our communication so that it becomes an instrument that will permit us to grow in a healthy manner with those we love.

THE ROLE OF PARENTS IN THE FORMATION OF THEIR CHILDREN

Parents play a very fundamental role in the essential development of their children. This is made possible when parents set examples that establish patterns of behavior and attitudes which permit the following characteristics to develop:

Make free and responsible decisions:

This is one of the characteristics of a well-formed, mature adult. The father and mother must have the necessary attitude and behavior in order for the children to be able to conquer these skills.

Just as between spouses, each has his/her own individuality and needs to respect the personal space of the other as well as his/her independence, parents should also do the same for their children. Every person should try to express his/her identity as parents the

111

role parents have in this process is supremely important and definite.

A mature manifestation of one's personality is the ability to make one's own decisions, autonomously and responsibly. We need to prepare our children and youth to be able to do so according to their age, personality, and circumstances.

Spiritual development:

Parents have given the beginning of life to their children as a fruit of their love.
What is important is not only to be the giver of life, but to continue conserving
and educating that life. The child should learn to walk, talk, live. Birth is only the beginning of real life for every person; however, we still have to continue the process by educating our child about faith.

Competent models:
We want our children to take maximum advantage of their own virtues so that in adult life they may be able to constructively offer and contribute to their society, country, and to their own family. That is why we need parents who become genuine and authentic models for their children, so that their children will want to imitate them and become like them, or better than their parents, if that is possible. We are not trying to stimulate an egotistical competition, but rather encourage children to imitate their parents and do better themselves. The basic result of all success consists in making an adequate distribution of time and

programming different activities conveniently.

Those who have triumphed have known to search for timely help, have surrounded themselves with competent persons, and have been wise and responsible in their duties.

Being able to create this type of awareness in our children will contribute to developing the type of persons who are caring and intellectually competent.

Guidance on how to love in our relationships:

A fundamental aspect in the formation of the well-rounded person is the guidance given on expressing love and developing positive interpersonal relationships.

We hope the person develops the ability to adequately and fully demonstrate love in his/her relationships with his/her fellow human beings; in the first place with respect to his/her parents and siblings during his/her childhood and youth, and later on with his/her own spouse and children when he/she forms his/her own family.

The other phase in the expression of love is that in relationship with others.

This is in reference to the years in school in which the child forms relationships with his/her schoolmates and later on in reference to other relationships with persons with which he/she comes in contact with in his/her professional and social circles.

A mature person is one who adequately integrates into his/her own social and family circle.

The child should learn from the confines of his family, from the first years in school, and from the beginning of life to form relationships with his/her peers, as well as overcome egotistical inclinations, and give of him/herself to others in an unselfish and loving manner.

Parents, who love each other in word and in action and that give witness to their children on the value of love in their mutual relationships through their attitudes and their lives, are decidedly contributing to the affective maturity of their children.

Guide for establishing common commitments:

The fundamental objective of the educational process began in the home and continued later at school is precisely socialization; that is to say, the gradual and progressive integration of the child into the family, the school, and society.

Parents should be conscious of their duty to include the principle of responsible liberty. Each one of them as individuals and as a couple must serve as an example to their children at the moment in which they carry out their common and social duties.

Mechanisms giving opening to change:

In the world in which we live and that which
will correspond to our children to live in,
our not advancing, not progressing, and our
unwillingness to change are symptoms of
regression and total destruction.

The willingness to open up to change should be
within a framework of superior values,
driven by sincerity, honesty, truth, justice, and
love.

These values and their corresponding attitudes
need to serve as a guiding force to position our
children and youth of today in the context of
the world in which they will live in as adults.

The family cannot encase or wrap itself up in
the unreal world of rejecting change; it cannot
shape its youngest members in an environment
detached from reality.

The example that father and mother give
through the attitudes they demonstrate in
their every day contact with the persons who
perform services for them, is something that
will not go unnoticed by their children; and will
create in their children the attitudes that will
later be transferred into the manner in which
they proceed and behave with others in the
future.

That night María and Juan rested with
tranquility. The topics they had developed,
the moment which they were going through,
the knowledge acquired, the difficulties

transformed into motivation, and the learning to listen to each other emotionally in order to grow had taught them that the most important thing to do is to find a balance in one's personal space with each family member and his/her connection in life.

They realized that it is important to open our eyes, our ears, our hands, and inclusively our hearts to all welcoming manifestations which permit the rapid return to benevolence, known as a friendly, loving encounter with humanity. Kindness, tenderness, and small signs of love habitually demonstrated in our daily lives put honey on words and avoid unpleasant situations, open the way to justice and solidarity, and facilitate the enriching communication saturated with human warmth which breaks the chains of aggression and stimulates real growth in the less fortunate.

These are always on the side of those who suffer; they awaken the passion of maturity, and the development of the children in the family. They translate with clarity the codes of understanding and comprehension between individuals, expand and give sense to brotherhood among human beings.

If a child cries or is sick, it would be fitting to find a silken hand capable of calming his / her pain and alleviating his / her hunger for compassion.

THE EXPERIENCE OF BEING PARENTS

Being parents is an event that transforms us and challenges our personal development. That is why it is necessary to ask ourselves:

How adult are we really?

Our knowledge of development can be useful in many areas of our family life. It can make us feel more secure in ourselves; make us more flexible and more understanding in certain situations and will help us to better enjoy the wonderful adventure that it is to be parents.

Being an adult parent means closely examining the problem of discipline: what is it, what does it mean and what it should be. Our problems can't be solved by forcing our children to obey us, or leaving them to do what they wish without clear controls and limits.

Remember that nowadays one can better educate by lowering our voices and raising our points of arguments.

Research in the field of pedagogy has moved in the same direction. John Dewey and other researchers, who head a movement called advanced education, state that if we want our children to be capable of thinking for themselves, we have to help them to develop their internal controls.

It is not possible to make them act in a determined manner by means of terrorizing them.

If we do this, they will always need a totalitarian voice of authority to be able to control them.

We have to show them how to live in
a constructive manner, to accept the responsibilities
they have, not by means of force but rather with love and understanding given that learning self-control is a slow process.

Another new and important observation alludes to the fact that behavior is also symbolic and significant.

When a child does something that to us seems incomprehensible, we need to understand what he/she wishes to express; that is why it is important to learn
to reach out to their personal world to understand and help him/her.

Being parents is a unique learning experience both for the children and their parents;
it implies learning to live outside ourselves with

generosity, to be able to share our fragility, and the grand experience that it is to be human beings.

Juan and Maria saw their present life with perfect clarity, and they had found.
A light on the road . . . which would permit them to illuminate their way and share with others their experiences in order to construct a better more humane world, filled with love, faith and hope.

AUTHOR BIOGRAPHY

Héctor A Rodríguez D, is a humanistic author, university professor, and international conference speaker. He has dedicated a big part of his professional activities to research, promotion of projects, and to executing programs for the personal and healthy family development.
Dr. Rodríguez is originally from Santafe de Bogotá, Colombia. He studied Political Science, International Law and Diplomacy at the University of Jorge Tadeo Lozano in Bogotá. He has a Master's Degree with a major in Political and Economic Contemporaneous Problems from the Affiliated Development Institute, a branch of the Institute of Higher Studies of Paris, France.
He has been in positions in the Secretary of Exterior Relations in Colombia and has served as Economic Advisor. He participated in the Second Latino-European Meeting in Rio de Janeiro, Brussels, Bonn, Berlin, London and Rome.

Some of his best works are the following:

Man against a Double Problem, War and Peace
Artistic Education in the Integral Development of the Family
The Scenario of Education a Foundation for the School of Life
Life, Love and Family (Five Books Set)

Currently he is living in the United States, where he is the president and CEO of Seeds of Love and Hope. He is preparing editions of his books, and he is teaching courses on Personal Excellence, Harmony of Couples and Family Development.

BIBLIOGRAPHY

BESTSELLING AUTHORS
CANFIELD Jack, HANSEN Mark Victor, McCarty Hanoch, McCarty Meladee. *A 4th Course of Chicken Soup for the Soul*. Health Communications Inc Deerfield Beach Florida. USA.

COVEY, Stephen. *The 7 Habits of Highly Effective Families*. Golden Books New York, NY. USA. 1997

HEINOWITZ, Jack, PhD. *Fathering*. New World Library. California, USA 1997

KLINGER, Ron, PhD. *Fathering for Life*. CSF Publications 2004

PLEMAN, Kevin. *Making Children Mind without Losing Yours*. Fleming H Revel. USA. 2000

Printed in the United States
by Baker & Taylor Publisher Services